*Novena para quem procura
um lindo casamento*

Felipe G. Alves

Novena para quem procura um lindo casamento

1ª Reimpressão

EDITORA
VOZES

Petrópolis

© 2012, Editora Vozes Ltda.
Rua Frei Luís, 100
25689-900 Petrópolis, RJ
www.vozes.com.br
Brasil

Todos os direitos reservados. Nenhuma parte desta obra
poderá ser reproduzida ou transmitida por qualquer
forma e/ou quaisquer meios (eletrônico ou mecânico,
incluindo fotocópia e gravação) ou arquivada em
qualquer sistema ou banco de dados sem permissão
escrita da editora.

Diretor editorial
Frei Antônio Moser

Editores
Aline dos Santos Carneiro
José Maria da Silva
Lídio Peretti
Marilac Loraine Oleniki

Secretário executivo
João Batista Kreuch

Editoração: Fernando Sergio Olivetti da Rocha
Projeto gráfico: Sheilandre Desenv. Gráfico
Capa: Omar Santos

ISBN 978-85-326-4356-8

Editado conforme o novo acordo ortográfico.

Este livro foi composto e impresso pela
Editora Vozes Ltda.

Introdução

O desejo de um lindo casamento é praticamente universal, pois a maioria das pessoas aspira sua autorrealização junto de outra pessoa, a fim de procriar e viver a experiência da maternidade ou da paternidade. Se esta é também a sua aspiração, aproveite e faça esta novena, escrita para que seus sonhos se transformem em realidade! Serão 9 dias, não de simples leitura, mas de oração, ouvindo alguém que entende de casamento e que tem poder de concretizá-lo, o milagroso Santo Antônio.

Antes de começar, porém, vamos fazer algumas considerações bem importantes: O Sacramento do Matrimônio, amado e desejado por Deus, é coisa santa. Ensina a Sagrada Escritura que o Criador viu que tudo o que Ele tinha criado era bom. Não somente as coisas celestes seriam boas. Mas, todos os seres, toda a matéria, também os corpos, também o sexo, tudo é bom e abençoado por Ele: *E Deus criou o ser humano à sua imagem; à imagem de Deus Ele o criou; e os criou homem e mulher. E*

Deus os abençoou e lhes disse: "Sejam fecundos e multipliquem-se, encham e submetam a terra" (Gn 1,27-28). Assim sendo, quando um homem ama sua mulher, entregando-se totalmente a ela; quando uma mulher ama um homem, entregando-se totalmente a ele, resultando daí o filho, aí os dois são imagem de Deus. Como assim? Assim como a Primeira Pessoa da Santíssima Trindade ama a segunda, e a segunda ama a primeira, ambas com amor infinito, surge daí a Terceira Pessoa. De modo semelhante acontece com os dois casados, surgindo daí o filho amado e querido.

Por isso, o sonho de quase todos é ter o seu lar, onde dois corações apaixonados amam e são amados. Mas, antes que isso aconteça, como é importante viver o tempo de solteiro! Como é importante saber ser livre, viajar, curtir os amigos e as festas, apaixonar-se pela vida, pelos sonhos e saber se divertir!

Portanto, se você acha que Deus lhe deu a vocação ao matrimônio, você também tem que fazer a sua parte. Além de se esforçar em andar nos caminhos do Senhor, cada pescador tem que ter coragem de dirigir-se ao mar! Isto significa que não basta viver rezando. É necessário cada um consertar os estragos que podem existir em seu barco e saber lançar as redes onde estão os melhores peixes.

Agora, uma boa notícia: A juventude está descobrindo, mais e mais, um santo poderoso, capaz de resolver os assuntos de casamento. Trata-se de Santo Antônio, que, em vida, teve coragem de organizar uma passeata na cidade de Pádua, exigindo da comarca a abolição da "Lei do Dote", a qual só favorecia as jovens ricas, deixando às mais pobres a difícil vida de prostitutas. O santo odiou essa lei e lutou até que ela fosse abolida, dando vez para todas as jovens serem felizes no casamento.

Infelizmente há gente que quer, por meio de simpatias e superstições, obrigar Santo Antônio a arrumar o casamento de qualquer jeito. Mas assim não dá. Então, para que seus sonhos aconteçam é que foi escrita esta novena. Coragem, pois esse santo se faz seu protetor e ele tem sonhos maravilhosos para você realizar! Então, faça esta novena com grande piedade, **orando de verdade** os nove dias previstos pelo autor.

1º dia – SE GUARDAREM OS MEUS MANDAMENTOS VÃO PERMANECER NO MEU AMOR

Oração inicial (veja no início da novena).

Você: Glorioso Santo Antônio, valha-me com a sua proteção! Começo hoje uma novena, implorando seu auxílio para que eu arrume aquilo que muitos procuram: um lindo casamento. Sendo o Senhor o santo casamenteiro, eu confio na sua intercessão!

Santo Antônio: Gente corajosa com alma repleta de ideal, que bom confiar no amor de Deus! Quem aspira pelo casamento, aspira algo muito bom. Acredite: O nosso Deus é Pai e ama você também. Mas, como Pai amoroso, Ele também quer ser correspondido com uma vida de piedade, fiel à sua Igreja, cumprindo suas leis.

Você: O Senhor está certo e, realmente, eu creio muito em Deus. Então, com esta novena, conceda-me um bom casamento!

Santo Antônio: Só que muita gente afirma ter muita fé, mas não pratica religião alguma. Ora, Deus é amor e Ele nunca teve cara de mago, como muita gente o trata, levando uma religião sem vida. Dão a Ele alguns ritos ou alguma oração como num passe de mágica. Por isso São Tiago afirma: *A simples fé, se não tiver obras, será morta* (Tg 2,18). Percebe que primeiro precisamos nos converter, fazendo com amor toda a sua vontade? Por isso, veja para mim as sábias palavras de Jesus no capítulo 15 do Evangelho de João!

Você: Assim Jesus falou: *Permaneçam no meu amor. Se guardarem os meus mandamentos, vão permanecer no meu amor, como eu também guardei os mandamentos de meu Pai e permaneço no seu amor.[...] Este é o meu mandamento: amem-se uns aos outros como eu os amei. [...] Vocês são meus amigos, se fizerem o que lhes mando* (Jo 15,9-10.12-14).

Santo Antônio: Que beleza! Deixe-me repetir: *Vocês são meus amigos, se fizerem o que lhes mando.* Portanto, não só dizer que tem muita fé. Mas vivê-la e, com amor, cumprir os mandamentos, fazendo de Jesus o Senhor de sua vida. Então, antes de pedir benefícios de Deus é preciso se converter, segundo as palavras de Jesus, em Mc 1,15: *Completou-se o tempo e o Reino de Deus está próximo. Convertam-se e creiam no Evangelho.*

Você: Suas palavras são sérias e, infelizmente, tenho a declarar estar eu longe dos caminhos de Deus. Realmente eu necessito me converter. *Tenha piedade de mim, ó Deus,* *por sua bondade! [...] Lave-me por completo da minha iniquidade e purifique-me do meu pecado!* (Sl 51,3-4).

Santo Antônio: Sua confissão é realmente uma grande graça, vinda do alto. Procure agora andar na luz do Senhor, confiando plenamente naquele que diz: *Peça e receberá, busque e achará!*

Você: Por favor, oriente-me mais: E se, depois de tudo isso, as coisas não derem certo, poderei me separar e me casar com outra pessoa?

Santo Antônio: Foi Jesus quem afirmou: *O que Deus uniu o homem não deve separar* (Mt 19,6). No entanto, quem disse que foi Deus que uniu aqueles dois que se casaram por medo, ou por interesse, ou por pura paixão, sem se conhecerem? E se casaram novamente com outro, está indo contra outra lei? Claro que não. Afinal, qual lei é absoluta? Nem a lei "Não matarás!" é absoluta, pois é permitido tirar a vida de alguém como, por exemplo, em caso de autodefesa. Lembra-se da lei de guardar o sábado, cuja violação era punida com morte? E Jesus ficou do lado dos fariseus que exigiam o cumprimento da lei, ou do lado dos apóstolos que a violavam, não por maldade, e sim por necessidade?

Meditação: Por uns minutos medite nas palavras de Deus encontradas em Ef 5,8 e veja até onde o Bom Pai quer conduzir você: *Outrora eram trevas, mas agora são luz no Senhor. Andem, pois, como filhos da luz. O fruto da luz manifesta-se em toda bondade, justiça e verdade. Procurem o que é agradável ao Senhor!*

Oração final (veja no fim da novena).

2º dia – COMECE A SE AMAR PORQUE ISTO EVITA A SOLIDÃO

Oração inicial (veja no início da novena).

Você: Glorioso Santo Antônio, valha-me com a sua proteção! Às vezes dúvidas e angústia querem sufocar o meu coração. Vejo centenas de namorados caminhando de mãos dadas. Será que todos têm que se casar? Viver sem se casar seria um mal que alguns têm de arrastar a vida inteira, como que marcado por um destino? Ajude-me! Esclareça-me!

Santo Antônio: Ora, viver sem casamento ou na solidão não é a mesma coisa. Se todos têm a vocação para o AMOR, nem todos têm a vocação para o matrimônio. Quanta gente solteira, mas, dominada pelo amor aos outros, vive embriagada de felicidade. Por favor, o que se lê em 1Jo 7–8?

Você: *Amados, amemo-nos uns aos outros, pois o amor vem de Deus. E todo aquele que ama nasceu de Deus e conhece a Deus. Quem não ama não conhece a Deus, porque Deus é amor.*

Santo Antônio: Realmente felizes são os solteiros por vocação, que, inflamados de amor, passam a servir exclusivamente ao próximo, principalmente aos mais carentes e sofredores. Além de estarem totalmente voltados para Deus, eles se sentem mais leves e soltos, sem frustração, sem ansiedade, livres para ir onde o bom-senso os levar. Glória ao Senhor que é totalmente livre, pronto para dar a si mesmo e ser bom para com todos!

Você: Pronto para dar a si mesmo e ser bom para com todos!

Santo Antônio: No entanto, quanta gente desejando se casar e não consegue se envolver com ninguém! Seria destino ou falta de coragem para remover certos problemas de gênio ou de caráter?

Você: E quais seriam esses problemas?

Santo Antônio: Primeiro, a **insegurança**. Existe gente tão insegura a ponto de se tornar detetive todos os dias, seguindo os passos de quem ama. Quem vai querer se casar com gente assim? Donde vem esse exagero? Será que não vem de um ciúme excessivo, fruto da insegurança, da falta de autoconhecimento? Como é importante descobrir o seu próprio valor, pois gente que quer se casar adora se casar com gente segura, que conhece suas boas qualidades, sua inteligência e afeto. Foi o Bom Pai que declarou a você em Is 43,4-5: *Você é precioso para mim, é digno de estima e eu amo você. [...] Não tenha medo, pois eu estou com você.* Se assim é o amor dele por você, quem é você para não se amar?

Você: Que beleza! Exulto de alegria ouvindo tais palavras totalmente libertadoras. Se Jesus ensinou a amar ao próximo como a si mesmo, como poderei ter amor verdadeiro pelos outros se nem a mim estaria amando? Ó Bom Pai, *graças lhe dou, porque fui feito tão grande maravilha. Prodigiosas são suas obras; sim, eu bem o reconheço* (Sl 139,14).

Santo Antônio: Só quando você se amar de verdade é que vai adquirir a energia para atrair a atenção de sua outra metade. Em se amando, você entra em comunhão com o Todo e tudo começa a desabrochar em sua vida. Por isso, procure sempre cuidar bem de si, com amor à limpeza, ao bom gosto, cuidando sempre não só da alma, mas também do corpo. Ao descobrir seus valores, comece a ter objetivos, pois a vida não é só comer e dormir. Ter objetivos na vida, tais como estudo, profissão, família, agrada muito mesmo às pessoas inteligentes.

Você: Meu glorioso e querido Santo Antônio, o que você me ensina é simplesmente o bom-senso. Que eu o tenha, junto com todos os frutos do Espírito Santo.

Oração final (veja no fim da novena).

14

3º dia – BELA É A PUREZA.
ELA IRRADIA LUZ E AMOR!

Oração inicial (veja no início da novena).

Você: Glorioso Santo Antônio, valha-me com a sua proteção! Já agora, com antecedência, eu lhe agradeço a graça de um bom casamento que o Senhor para mim vai providenciar.

Palavra de Santo Antônio: Para que haja um bom casamento é necessário que haja primeiro um bom namoro, como fazem numerosos cristãos, tendo Cristo na vida e no coração. O namoro cristão é casto e puro, porque os dois são templos do Espírito Santo e Deus mora nesses corações (cf. 1Cor 6,19). Por tentações todos passam, e, se quedas também acontecerem, arrependa-se, peça perdão e confie na misericórdia do Bom Pai! Só sei que a alegria e a paz do coração puro compensam todo o sacrifício e a renúncia. O namoro cristão tem de superar as libertinagens e tudo aquilo que mancha a alma. Por que transformar-se em escravo das paixões? Conte-me, como São João escreveu em sua primeira carta, referindo-se às coisas que passam e às que permanecem?

Você: *Tudo o que há no mundo – os apetites baixos, os olhos insaciáveis, a arrogância do dinheiro – são coisas que não vêm do Pai, mas do mundo. E o mundo passa com seus desejos insaciáveis. Mas, **quem faz a vontade de Deus permanece para sempre*** (1Jo 2,16-17). – Eu creio nessa verdade. Mas, por outro lado, e se eu andar sempre da maneira mais certa possível, será que conseguirei conquistar alguém para comigo se casar?

Santo Antônio: Veja, então, algumas dicas para conseguir um casamento lindo e duradouro: **Não seja uma pessoa fria**, que não sabe usar as expressões corporais ou os gestos para se comunicar! Se você não mostrar seus sentimentos; se você, sem afeto, não demonstrar entusiasmo e a alegria do sorriso, os outros pensarão ser você uma geladeira e nunca pensarão em casamento com você.

Você: Será que você não está insinuando que eu demonstre carinho? Isto não me levaria ao pecado?

Santo Antônio: Carinho é uma coisa, pecado é outra. Como é importante ter atitude carinhosa e saber demonstrar o amor! Sem essas demonstrações o amor vai perdendo seu brilho até sumir de uma vez. Mas, atenção! **Mais importante que a química que acende a paixão é o caráter que mantém esse fogo aceso.** Ter apenas atração física é pouco. Infeliz de você se simplesmente se deixar envolver pela sexualidade, que pode obscurecer a mente e impedir decisões acertadas! Mais uma vez: não se esqueça de que aquilo que é do mundo passa. Só o que é de Deus pode perdurar. Não se esqueça que esse Deus mora em vocês, que vocês são templos do Espírito Santo!

Você: Com humildade eu me coloco debaixo das asas daquele que me dá forças para me interessar mais com o caráter da pessoa amada, e menos com a química da atração física. Amém.

Oração final (veja no fim da novena).

4º dia – A IMPORTÂNCIA DE SER LIVRE

Oração inicial (veja no início da novena).

Você: Glorioso Santo Antônio, valha-me com a sua proteção! Vejo sempre o Senhor segurando um lírio em sua mão, sinal de sua grande pureza. No entanto, eu vivo num mundo muito voltado para a matéria e, com mil vozes, convidando-nos para os prazeres. Ajude-me a vencer!

Santo Antônio: O jovem existe não para o prazer. É o desafio para coisas grandiosas que o atrai constantemente. Use o tempo de seu namoro não para conhecer o corpo da outra pessoa, mas para descobrir os encantos da alma. E o seu modo puro de viver fará com que tal pessoa confie ainda mais em você, quando lá na vida conjugal surgirem certas dificuldades. Veja como São Paulo é claro em Gl 5,16-23: *As obras dos instintos egoístas são bem conhecidas: fornicação, impureza, libertinagem [...], bebedeira, orgias e outras coisas semelhantes. Repito o que já disse: os que fazem tais coisas não herdarão o Reino de Deus. Mas o fruto do Espírito é amor, alegria e paz.*

Você: Meu Santo Antônio, livre-me do tipo de namoro que só faz da outra pessoa um simples objeto! Eu sei que isto só gera insegurança e impede o amor verdadeiro!

Santo Antônio: Vou pedir ao Senhor que dê a você essa graça, porque vale a pena ter o autodomínio que traz força para a caminhada em direção à vitória.

Você: Como a doutrina cristã é linda e brilhante! Mas, ensine-me o caminho para vencer as tentações que são tantas e tão frequentes!

Santo Antônio: As virtudes não caem do céu, não. É preciso cultivá-las por meio da oração, da vigilância, evitando as ocasiões e lugares que costumam levar ao pecado. Na força de Cristo você vai vencer os instintos que nos roubam o precioso dom da liberdade. Por isso, lute contra suas más tendências! Seja livre, pisando sobre o egoísmo, sobre os vícios e sobre os prazeres proibidos! Por favor, diga-me o que se encontra em Gl 5,1!

Você: *Irmãos, vocês foram chamados para serem livres. Que essa liberdade, porém, não se torne desculpa pra vocês viverem satisfazendo os instintos egoístas.*

Santo Antônio: Então, seja livre! Com Cristo você será forte. Se alguma vez você cair, levante-se, peça perdão ao Senhor e vá sempre em frente!

Você: Lindo! Lindo! Agradeço essas palavras cheias de sabedoria!

Oração final (veja no fim da novena).

5º dia – O AMOR TUDO DESCULPA, TUDO CRÊ, TUDO SUPORTA

Oração inicial (veja no início da novena).

Você: Glorioso Santo Antônio, valha-me com a sua proteção! Eu não quero simplesmente namorar. Eu quero alguém que me ame, mas debaixo dos olhos de Cristo. Ajude-me neste modo de caminhar!

Santo Antônio: Se namoro é tempo para demonstrar amor e carinho para a pessoa amada, se é tempo de crescer a dois, então ele é ocasião de mútuo crescimento. Ora, tudo isso exige renúncia. Então, eu lhe pergunto: Como deve ser o "amor" segundo São Paulo?

Você: *O amor é paciente, o amor é prestativo; não é invejoso, não se ostenta, não se incha de orgulho. Nada faz de inconveniente, não procura o seu próprio interesse, não se irrita, não* *guarda rancor. [...] Tudo desculpa, tudo crê, tudo espera, tudo suporta* (1Cor 13,4-5.7).

Santo Antônio: Tudo isso é verdade. Mas o ser humano é fraco, tem seus defeitos, e muitas vezes o egoísmo substitui o amor pela mágoa. Por isso, não se esqueça: *"O amor não guarda rancor"*. Havendo discussões, como é importante se acalmar e saber perdoar! Não é por nada que a Palavra de Deus é clara: *O sol não se ponha sobre o ressentimento de vocês* (Ef 4,26). E qual é o caminho para o perdão? É dialogando que um ajuda o outro a se aperfeiçoar, a superar os problemas. Assim o amor cresce, unindo os dois cada vez mais. *Se nos amarmos mutuamente, Deus permanece em nós e o seu amor em nós é perfeito* (1Jo 4,12).

Você: Se o amor verdadeiro é tecido de perdão e de compreensão, por onde deveria eu começar?

Santo Antônio: Procure sempre ter bom humor, ser sorridente, cheio de simpatia. Por que não conversar assuntos agradáveis, para que os dois possam rir? Quer azedar o convívio de vocês? É só encher-se de mau humor, de irritação e de explosões. Tenho mais uma coisa a alertar: Se cada um de vocês tem o direito de ser independente, por que exigir que a outra pessoa esteja sempre com você? Não seria isso uma espécie de escravidão? Procure dar apoio de maneira construtiva, fazendo com que o amor possa evoluir e crescer!

Você: Bom Pai do céu, para que tudo isso aconteça, ajude-me a demonstrar interesse pela vida da pessoa amada e pelos assuntos que lhe interessam! Possa eu dar-lhe sempre mais atenção e mais elogios!

Oração final (veja no fim da novena).

6º dia – COMO FAZER O AMOR CRESCER?

Oração inicial (veja no início da novena).

Você: Glorioso Santo Antônio, valha-me com a sua proteção! Sei que o amor verdadeiro exige aceitar a outra pessoa como ela é, com todas as suas qualidades e defeitos. Só depois de amá-la dessa maneira é que poderei ajudá-la a crescer.

Santo Antônio: O amor tem que ser vivo e forte. Para isso, ele precisa ser renovado constantemente com gestos e expressões bem sinceros. Isto tudo significa ir conquistando tal pessoa cada dia um pouco mais. Como? **Nunca grite um com o outro!** Seus gritos não resolvem nada. Apenas causam humilhação e ressentimento. Por isso, **corrija tal pessoa com carinho!** Se precisa tocar na ferida, toque-a com bondade para curá-la e não para aprofundá-la.

Você: Querido Santo Antônio, eu também tenho meus defeitos. Dê-me a humildade de eu saber pedir perdão em vez de ficar me desculpando, sem querer dar o braço a torcer. Foi a palavra divina que me ensinou: *Sejam antes bondosos uns para com os outros, compassivos, perdoando-se mutuamente, como Deus os perdoou em Cristo* (Ef 4,26.32).

Oração final (veja no fim da novena).

7º dia – DOIS SOZINHOS? COMO ISSO EMPOBRECE OS DOIS!

Oração inicial (veja no início da novena).

Você: Glorioso Santo Antônio, valha-me com a sua proteção! Eu quero que meu namoro seja um caminhar feliz a dois, cheio de segurança e respeito. Para que isso aconteça, sei que devo fazer a minha parte. Então me mostre o que não devo fazer para ter sucesso nessa caminhada repleta de realizações até que a morte nos separe!

Santo Antônio: Veja! Certos defeitos são capazes de destruir o namoro. Se a pessoa não fizer por onde para se libertar deles, ela acabará sendo rejeitada, com sério risco de se trancar na solteirice. Por isso, **em vez de ficar cobrando tudo da pessoa amada, procure ter compreensão, colocando-se no lugar da outra pessoa.** Quem gostaria de ser cobrado insistentemente? Além disso, **respeite o gosto da outra pessoa!** Há homens obcecados por futebol e mulheres com paixão em ver vitrines. Mas quem não tem suas preferências? Com inteligência esses dois poderão conviver muito bem.

Você: Ó meu querido Santo Antônio, como é gostoso, junto com a pessoa amada, sentir o coração batendo mais forte! Possa eu realmente viver o que me pede São Paulo em Cl 3,12-13: *Como escolhidos de Deus, santos* *e amados, vistam-se de sentimentos de compaixão, bondade, humildade, mansidão, paciência. Suportem-se uns aos outros e se perdoem mutuamente, sempre que tiverem queixa contra alguém.* Como é lindo estarmos juntos, totalmente desligados do mundo!

Santo Antônio: Calma! Procure atrelar seus pensamentos na linha da solidariedade e não no isolamento. Para que só vocês dois sozinhos? Você não pode se esquecer de que é necessário ter vida social. Tanto cada um sozinho como os dois juntos, têm que cultivar boas amizades com mais gente e com os familiares de quem ama. Como isso desenvolve a confiança entre os dois! Se vocês passarem todo o tempo do namoro sozinhos, isso só serve para os empobrecer!

Você: Você está certo. Então, ajude-nos a alargar a nossa amizade com mais pessoas! Isso só irá nos enriquecer. Reconheço também ser importante estarmos juntos para dialogar e nos conhecer melhor, curtindo emoções, construindo os alicerces de uma vida de casal. Meu agradecimento pela sua proteção poderosa e por essas palavras cheias de sabedoria! Amém.

Oração final (veja no fim da novena).

8º dia – AMAR COMO DEUS AMOU

Oração inicial (veja no início da novena).

Você: Glorioso Santo Antônio, valha-me com a sua proteção! Todos os dias o mundo bombardeia a nossa mente, proclamando os mais diversos tipos de amor. Amor é a palavra que é mais badalada, em prosa e verso. Você, que tem o coração puro, fale-me mais uma vez o que é o amor verdadeiro!

Santo Antônio: O amor verdadeiro é Deus, como se vê em 1Jo 4,16: *Deus é amor: quem permanece no amor permanece em Deus e Deus nele.* Aos namorados eu trago o exemplo do amor mais extraordinário: Cristo derramou o seu sangue para purificar a sua esposa, a santa Igreja. Veja como Paulo escreveu: *Maridos, amem suas mulheres, como Cristo amou a Igreja e se entregou por ela; assim Ele a purificou com o banho de água e a santificou pela Palavra, para apresentar a si mesmo uma Igreja gloriosa, sem mancha nem ruga ou qualquer outro defeito, mas santa e* *imaculada* (Ef 5,25-28). Veja nessas palavras a beleza do matrimônio e como um deve levar ao outro a plena perfeição.

Você: Realmente nós somos chamados para uma vida grandiosa. Mas problemas vão se acumulando e impedindo essa realização. Em sua sabedoria, ajude-me a espantar para longe tais micróbios, invisíveis aos olhos da gente.

Santo Antônio: Comece a **vivenciar o diálogo**, pois ninguém tem bola de cristal e capacidade de adivinhar as coisas. Portanto, se não está gostando de alguma coisa, diga. Caso esteja carregando uma dúvida, por que não perguntar? Se há algum ressentimento, por que não conversar sobre isto? Comunicação é também revelar os medos, as frustrações e também as alegrias e as tristezas. Também não se esqueça que **amor é saber dar e saber receber**. Sem isto, o amor vai se arrefecer. Você também não acha que é necessário passar algum tempo juntos? Por excesso de trabalho muitos pares não têm tempo para juntos se divertir, para se conectar.

Você: É verdade. Como isto acaba criando um distanciamento entre nós que faz o amor secar!

Santo Antônio: Muito importante é também **controlar o ciúme e o excesso de desconfiança**. Se você descobrir os valores, tanto os seus e os da outra pessoa, e saber transformar isso em louvores, a confiança entre ambos só poderá aumentar. O contrário também é verdadeiro: **não seja insistente demais**. Pra que ligar um para o outro 20 vezes ao dia? Pior que tudo isso é ser gente chata, negativa e pessimista. Quem está sempre de mau humor ou reclamando de tudo acaba ficando sozinho.

Você: Desse mal, liberte-me, Senhor!

Santo Antônio: Também não fique falando ou exigindo o tempo todo. Evite a teimosia, achando que você está sempre com a razão. Por favor, se todos têm lá seus defeitos, você não deve colocar expectativas exageradas sobre a outra pessoa. No entanto, se essa pessoa traz defeitos que você não suporta, não fique esperando mudanças para depois do casamento. Tratando-se de espiritualidade, caráter, hábitos pessoais, higiene pessoal, se não dá para conviver com gente assim a vida inteira; se estes problemas lhe traz repulsa; percebendo que tal pessoa não pode se corrigir, tenha a coragem de desistir do namoro. Talvez você retruque: "Mas é possível mudanças no futuro!" Ora, ninguém prudente vai se casar com um potencial que também tem a possibilidade de mudar para pior ainda.

Você: Meu querido Santo Antônio, que o meu diálogo com a pessoa amada seja prudente, franco e cheio de bondade. Faça com que eu possa mais e mais me valorizar, sem temer que tal pessoa possa me trocar por outra, já que Deus me vê com meus valores. Como Maria sabia guardar silêncio! Não permita que minha mania de sempre tagarelar, ou de sempre mandar, estrague todo o convívio. Dê-me o dom da humildade para que saiba pedir desculpas e sempre perdoar com generosidade. Amém.

Oração final (veja no fim da novena).

9º dia – O AMOR É LINDO

Oração inicial (veja no início da novena).

Você: Glorioso Santo Antônio, com alegria venho lhe agradecer a sua proteção! Meu coração exulta de felicidade pelo lindo Sacramento do Matrimônio que vai acontecer entre dois que se amam. Já que tanta beleza vai acontecer, ajude-me relembrar o que de mais bonito há na Bíblia para nós dois!

Santo Antônio: Não se esqueça nunca das palavras de Jesus, proclamadas lá no 1º dia: Assim Ele falou: *Como o Pai me amou, assim também eu amo vocês. Permaneçam no meu amor. Se guardarem os meus mandamentos, vão permanecer no meu amor, como eu também guardei os mandamentos de meu Pai e permaneço no seu amor. [...] Este é o meu mandamento: amem-se uns aos outros como eu os amei. [...] Vocês são meus amigos, se fizerem o que lhes mando* (Jo 15,9-10.12-14).

Você: Simplesmente fantástico. Para que essas palavras permaneçam sempre mais em nossos corações, de que mais precisamos nós nos relembrar?

Santo Antônio: Nunca se esqueça das palavras santas encontradas em Gálatas, lá no 4º dia: *As obras dos instintos egoístas são bem conhecidas: fornicação, impureza, libertinagem [...], bebedeira, orgias e outras coisas semelhantes. Repito o que já disse: os que fazem tais coisas não herdarão o Reino de*

Deus. Mas o fruto do Espírito é amor, alegria e paz (Gl 5,16-23).

Você: Estou compreendendo, porque você é mesmo muito sábio. Para que meu casamento seja estável e abençoado, o que mais devo fazer?

Santo Antônio: Que tal se preparar para ele com a leitura da Primeira Carta de João, que fala do amor? Que tal ler o livro de Tobias, que fala de um casamento santo e lindo? Que tal ler também o livro Cântico dos Cânticos, que descreve o amor esponsal de Deus pela sua esposa, a Igreja? Além dessa preparação, não se esqueça de procurar o pároco de sua paróquia para combinar as datas e os cursos que ajudam no crescimento espiritual de vocês dois.

Você: Estou feliz. Diga-me ainda uma palavra para que meu entusiasmo possa chegar às nuvens!

Santo Antônio: Ela se encontra em Mateus. Ela fala da importância de vocês dois aos olhos de Jesus: *Vocês são a luz do mundo. Não é possível esconder uma cidade situada sobre um monte, nem se acende uma lampari-*

na para se pôr debaixo de uma vasilha, mas num candelabro, para que ilumine todos os da casa. É assim que deve brilhar sua luz diante das pessoas, para que vejam suas boas obras e glorifiquem seu Pai que está nos céus (Mt 5,14-16).

Você: Encantados com tudo isso, só podemos terminar a novena com o cântico de Maria, que também é todo nosso: *Minha alma engrandece o Senhor e rejubila meu espírito em Deus, meu Salvador, porque olhou para a humildade de sua serva.*

Eis que de agora em diante me chamarão feliz todas as gerações, **porque o Poderoso fez por mim grandes coisas:** *O seu nome é santo* (Lc 1,47-49). Amém. Aleluia!

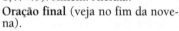

Oração final (veja no fim da novena).